Ingrid Uebe

1:0 für die Fußballfreunde

Mit Bildern von Sabine Scholbeck

Hase und Igel®

Für Lehrkräfte gibt es zu diesem Buch
ausführliches Begleitmaterial beim Hase und Igel Verlag.

Sonderausgabe mit Silbenhilfe

© 2010/2018 Hase und Igel Verlag GmbH, München
www.hase-und-igel.de
Lektorat: Sandra Hummel-Kuhn
Druck: Grafisches Centrum Cuno GmbH & Co. KG

ISBN 978-3-86760-250-1
2. Auflage 2022

Inhalt

Zwei gute Freunde

Lea und Nico wohnen beide
im Holunderweg Nr. 18:
Lea im ersten Stock,
Nico im zweiten.
Sie haben schon als Babys
miteinander gespielt.
Jetzt gehen sie
zusammen zur Schule,
in die 2b von Frau Peters.
Jeden Morgen klingelt
Nico bei Lea.
Dann machen sie sich
auf den Schulweg.
Am Wochenende und in den Ferien
natürlich nicht!

Heute ist Mittwoch
und die Ferien sind längst vorbei.
„Ob wir wohl gleich
das Diktat schreiben?",
überlegt Nico.
„Über die Wörter mit *ß*?"

Lea nickt.
„Wörter mit *ß* kann ich gut!
Zum Beispiel *Straße* und *draußen*
und *gießen*."

Nico nickt auch.
„Und *Spaß, Gruß* und *Fuß*.
Aus *Fuß* kann man dann
Fußball machen."

„Stimmt!", sagt Lea.
„Fußball finde ich übrigens gut.
Mein Papa hat gestern Abend
im Fernsehen ein Spiel geguckt.
Das war richtig spannend."

„Durftest du auch gucken?",
fragt Nico.

„Ja, bis das erste Tor fiel",
sagt Lea.

Nico seufzt.

„Ich musste ins Bett.

Meine Mama wollte

den Krimi sehen.

Sie findet Fußball ganz doof."

Lea lacht.

„Und dein Papa?"

„Der war nicht zu Hause."
Nun lachen sie beide.

„Ich würde auch gern mal
ein Tor schießen",
meint Lea.

„Kann ich mir vorstellen",
sagt Nico.

Lea guckt ihn hoffnungsvoll an.
„Können wir zwei nicht mal
Fußball spielen?"

Nico schüttelt den Kopf.
„Fußball zu zweit ist blöd.
Man braucht eine Mannschaft!"

„Verstehe", nickt Lea.
Dann fällt ihr ein:
„In unserer Klasse sind doch
sicher genug Kinder,
die mitmachen wollen."

„Das stimmt", sagt Nico.
„Die meisten würden bestimmt
gern mal ein Tor schießen.
Genau wie du!"

Lea kichert.
„*Schießen* ist übrigens
auch ein Wort mit *ß*.
Bestimmt machen wir zwei
im Diktat heute null Fehler."

Der Neue

Doch das Diktat fällt aus.
Frau Peters will gerade
die Hefte austeilen,
da geht die Tür auf.
Herein kommt der Schulleiter
Herr Tellmann
mit einem fremden Jungen.
Alle sehen die beiden
neugierig an.

„Hallo, Frau Peters!",
sagt Herr Tellmann.
„Hallo, Kinder!
Ich bringe euch heute
einen neuen Mitschüler.

13

Er heißt Alexander Stark.
Seine Eltern und Freunde
nennen ihn Lexi.
Ich glaube,
er passt gut in die 2b."

Lexi sieht ziemlich nett aus.
Er guckt zwar ein bisschen finster.
Aber so guckt man eben,
wenn man noch neu ist.

Frau Peters legt ihm einen Arm
um die Schultern und sagt:
„Eigentlich wollten wir heute
ein Diktat schreiben.
Aber das machen wir morgen.

Jetzt müssen wir uns
erst einmal kennenlernen."

„Viel Spaß!",
wünscht Herr Tellmann und geht.

Frau Peters bringt Lexi
zum Tisch neben Nico und Lea.
Da ist noch ein Stuhl frei.
Lexi setzt sich
und guckt vor sich hin.

15

Frau Peters fragt:
„Willst du uns nicht
etwas von dir erzählen?"

Lexi schüttelt den Kopf.

„Na gut", sagt Frau Peters,
„dann erzählen wir dir
ein bisschen von uns.
Am besten nennt jeder
zuerst seinen Namen
und sagt anschließend,
was er besonders gern macht."

Alle finden das gut.
Alle stellen sich
der Reihe nach vor,

jeder mit seiner
Lieblingsbeschäftigung.
Frau Peters auch!

Sie heißt
mit Vornamen Anja
und liest am liebsten
ganz dicke Bücher.

„Jetzt kennst du uns, Lexi",
sagt sie,
„jedenfalls ein bisschen!
Nun möchten wir
aber auch wissen,
was du besonders gern machst."

Endlich schaut Lexi auf.
Er guckt
nicht mehr finster.

Strahlend sagt er ein einziges Wort:
„Fußball!"

„Super!", ruft Lea.

Und Nico ergänzt:
„Dann sitzt du bei uns
am richtigen Tisch!"

19

Streitgespräch

Fußball ist in der Klasse 2b
plötzlich ein wichtiges Wort.
Alle benutzen es.
Alle finden es toll.
Alle können es
richtig schreiben.
Lexi erzählt auf einmal
spannende Geschichten
aus seiner früheren Schule.
Da hat er fast jeden Tag
Fußball gespielt.
Er hat richtig trainiert –
nicht in einem Verein,
sondern mit Kindern
aus seiner Klasse.

Lexi redet jetzt viel,
am meisten mit Nico.
Er kann Nico gut leiden.
Das merkt man.
Lea hat nichts dagegen.

Einmal sagt sie
in der großen Pause zu Lexi:
„Nico und ich haben auch schon mal
an eine Mannschaft gedacht.

Kannst du uns nicht helfen,
eine auf die Beine zu stellen?"

„Klar, kann ich!", nickt Lexi.

Doch dann redet er wieder
nur noch mit Nico.
Über *Dribbling* und *Doppelpass*,
über *Technik* und *Ballgefühl*,
über *Freistoß* und *Abseits*.
Lea würde gern mitreden.
Aber Lexi sagt:
„Frag lieber mal nach,
wer in die Mannschaft will!"

Acht Kinder wollen!
Vier Mädchen und vier Jungen.
Mit Nico, Lexi und Lea
sind das dann elf.
„Eine bessere Zahl als Elf
gibt's nicht für Fußball",
findet Lea.

„Quatsch!", sagt Lexi.
„Für ein richtiges Spiel
braucht man zweimal elf Spieler.
Bei uns müssen die elf
durch zwei geteilt werden."

„Ich bin ja nicht blöd",
faucht Lea.

„Zwei stehen im Tor.
Und auf dem Feld
kämpfen vier gegen vier."

„Dann bleibt einer übrig",
sagt Nico.

Lexi zuckt die Achseln.
„Der muss eben
erst einmal zugucken."

Lea sieht Nico an.
Nico sagt nichts.
Sie nimmt sich vor,
auf dem Heimweg mit ihm
über die Sache zu sprechen.
Doch das klappt nicht.

Lexi geht nämlich mit
zum Holunderweg Nr. 18.
Dort steigt er mit Nico
die Treppe hinauf
in den zweiten
Stock.

Er will den
Fußball sehen,
den Nico
von seinem Opa
zum Geburtstag
bekommen hat.

26

Lea schaut ihnen nach,
bis Mama die Tür aufmacht.
Das Mittagessen
schmeckt ihr heute
kein bisschen.

27

Erstes Training

Nachmittags trifft sich
die neue Mannschaft
das erste Mal
auf dem Bolzplatz
hinter der Schule.
Lexi und Lars gehen ins Tor.
Nico, Kevin, Emma und Lilli
kämpfen gegen
Nele, Hanna, Jan und David.
Lea bleibt übrig.

Lexi sagt:
„Setz dich auf die Bank,
bis du eingewechselt wirst!"

Lea sagt nichts.
Stumm guckt sie zu,
wie die anderen
hinter dem Ball herlaufen.
Wie sie ihn stoppen,
weitergeben
und in Richtung Tor
schießen.

29

Sie wartet und wartet,
dass sie endlich
eingewechselt wird.
Leider vergeblich!
Endlich hält sie es
nicht länger aus.

Sie rennt
übers Spielfeld
zu Lexi und ruft:
„Ich habe jetzt
lange genug
auf der Bank
gesessen!
Ich will jetzt
auch mitspielen!"

Lexi schüttelt den Kopf.
„Du musst noch warten!
Die Spieler haben sich
gerade aneinander
gewöhnt."

„Dann lass mich ins Tor",
verlangt Lea,
„und setz du dich mal
auf die Bank!"

„Du spinnst wohl!",
lacht Lexi.

Die anderen stehen jetzt
um ihn und Lea herum.
Sie warten ab,
wie die Sache ausgeht.

„Was sagt ihr denn dazu?",
fragt Lea.
Keiner antwortet.
Auch Nico nicht.

„Ihr seid alle blöd!",
ruft Lea.
„Und Fußball ist auch blöd!
Ich will nichts mehr
damit zu tun haben!"
Sie dreht sich um
und rennt weg.

Elf gegen elf

Fast jeden Nachmittag
treffen sich Nico und Lexi
mit den anderen auf dem Bolzplatz.
Manchmal versteckt sich Lea
im Gebüsch und schaut zu.
Keiner merkt es.
So vergehen drei Wochen.

Dann sagt Frau Peters
eines Morgens:
„In der 2a gibt es jetzt auch
eine Fußballmannschaft.
Die schlägt euch ein Spiel vor –
am Freitagnachmittag
auf der Wiese im Stadtpark."

Alle finden das toll.
„Super!", ruft Lexi.
„Ein richtiges Spiel?
Elf gegen elf?"

„Na klar",
sagt Frau Peters,
„mit Herrn Tellmann
als Schiedsrichter."

In der großen Pause
steht die Mannschaft der 2b
zusammen am Zaun.
Ohne Lea natürlich.

„Zu dumm, dass wir nur zehn sind!",
meint Nico.

„Stimmt", sagt Lexi.
„Jetzt brauchen wir Lea!
Sie muss eben wieder
bei uns einsteigen."

Doch als er Lea das vorschlägt,
tippt sie sich an die Stirn und sagt:
„Darauf kannst du lange warten!"

„Dann frage ich eben Tina",
knurrt Lexi.

Tina sagt wirklich ja.
Und obwohl sie neu
in der Mannschaft ist,
macht sie ihre Sache
gar nicht so schlecht.
Beim zweiten Training
schießt sie sogar ein Tor.

Alle fiebern dem Freitag
ungeduldig entgegen.

Das große Spiel

Am Freitagnachmittag
ist auf der Wiese im Stadtpark
allerhand los.
Ein paar Väter
haben aus Metallstangen
zwei prima Tore gebaut.
Das Spielfeld dazwischen
ist viel größer und besser
als das auf dem Bolzplatz.

Die Kinder der beiden Mannschaften
rennen aufgeregt hin und her.

Die Zuschauer stehen
in Grüppchen zusammen:
Freunde und Mitschüler,
Eltern und Geschwister,
Omas und Opas.
Lea hockt abseits
im Gras.

„Komm doch, Lea!",
rufen die anderen.
„Es geht gleich los!"

Mit finsterer Miene
stellt sich Lea
zu den Zuschauern.
Es geht los!
Zuerst laufen alle
wild durcheinander.
Doch dann kommt
Ordnung ins Spiel.

42

Nach fünf Minuten
schießt Nico
das erste Tor.
Ein Fernschuss
aus über fünfzehn Metern!
Seine Klasse jubelt.

Jetzt greift die 2a an.
Lexi trippelt im Tor
nervös auf der Stelle.

43

Da kommt der Ball.
Er kommt wie eine Rakete!
Lexi springt –
und fängt ihn im Flug!

44

Wieder jubelt die Klasse.
Doch die 2a gibt nicht auf.
Im Gegenteil!
Es geht hin und her.

Zur Halbzeit steht es 5:5.
Nun lassen sich alle
erschöpft ins Gras fallen.
Nur Lexi und Nico stehen noch
auf dem Spielfeld und reden.
Dabei gucken sie manchmal
zu Lea hinüber.
Endlich marschieren sie los,
Seite an Seite.
Lea traut ihren Augen nicht:
Die beiden kommen
geradewegs auf sie zu!

Dicht vor ihr machen sie Halt.
„Wie findest du das Spiel?",
fragt Nico.

Lea zögert.
„Na ja, ganz spannend",
antwortet sie dann.

„Schade,
dass du nicht mitspielst!",
sagt Lexi.
Lea ist ziemlich erstaunt.

Nach der Pause legen sich alle
wieder gewaltig ins Zeug.
Zehn Minuten vor dem Abpfiff
steht es 8:8.

Ein Stürmer der 2a
läuft ganz allein mit dem Ball
auf das Tor der 2b zu.

48

Lexi wirft sich ihm mutig entgegen.
Er hat den Ball
und geht mit ihm zu Boden.
Seine Freunde trampeln und toben.

Aber – o Schreck! –
Lexi steht nicht mehr auf!

Mit schmerzverzerrtem Gesicht
fasst er sich ans Bein.
Er versucht aufzustehen,
doch er schafft es nicht.

Hannas Vater läuft zu ihm.
Er ist Arzt und untersucht
Lexis Bein sehr gründlich.
Endlich blickt er auf und ruft:
„Nichts gebrochen!
Nur eine Sehne gezerrt!
Aber mit dem Spielen ist es
für heute vorbei!"

Er fasst Lexi unter den Armen
und hilft ihm auf eine Bank
am Spielfeldrand.

Alle stehen ratlos
um die beiden herum.

Die Entscheidung

Endlich sagt Lexi:
„Ihr müsst jetzt
ohne mich weiterspielen!
Am besten geht Nico ins Tor."

Nico schüttelt den Kopf.
„Nein, ich bleibe im Sturm!"

„Und wen nehmen wir dann?",
fragt Herr Tellmann.

„Lea!", sagt Nico.

Lexi nickt. „Gute Idee!"

Lea wird es ganz heiß.
Alle gucken sie an.
Am liebsten
möchte sie weglaufen.
Aber sie kann nicht.

Nach kurzem Zögern
setzt sie einen Fuß
vor den anderen.
Dann läuft sie über die Wiese.
Und nun steht sie im Tor.
Ihr Herz schlägt wie wild.

Schon kommt der Anpfiff!
Die Gegner stürmen heran.
Vermutlich glauben sie,
dass sie mit Lea
leichtes Spiel haben.
Doch da täuschen sie sich!
Lea passt auf wie ein Luchs.

Als der erste Ball kommt,
springt sie ihm
stark wie eine Löwin
entgegen,
hält ihn und reckt ihn
hoch in die Luft.

Sie bekommt jede Menge Beifall.

Lexi ist aufgestanden und ruft:

„Le-a! Le-a! Le-a!"

Die anderen stimmen mit ein.

Das Spiel wird immer spannender.

Beide Mannschaften geben ihr Bestes.

Beide kämpfen sich nach vorn

und werden wieder zurückgedrängt.

Zwei Minuten vor Schluss

steht es noch immer 8:8.

Die Mannschaft der 2b

startet entschlossen einen Angriff.

Nico ist vorn.

Lars spielt ihm den Ball zu.

Aber da …
Nicht zu fassen!
Dicht vor dem Tor
stellt Kalle aus der 2a
Nico ein Bein
und bringt ihn
zu Fall.

„Foul!", brüllt Lea.

„Foul!", brüllen alle ihre Freunde.

Herr Tellmann pfeift – Strafstoß!
Einer aus der 2b darf ihn schießen.
Aber wer?
Das Publikum fordert
lauter und lauter:
„Le-a! Le-a! Le-a!"

Wie im Traum verlässt Lea ihr Tor.
Sie läuft über das Spielfeld
auf das gegnerische Tor zu.
Jetzt steht sie vor dem Ball.
Sieben Meter von ihr entfernt
steht Martin aus der 2a.

Er sieht ihr direkt in die Augen.
Lea läuft an und schießt.

Der Ball trifft
den linken Innenpfosten
und landet von da aus – im Tor!
Hurra! Es steht 9:8 für die 2b!

Wenig später pfeift Herr Tellmann ab.
Das Spiel ist aus!
Die siegreiche Mannschaft
läuft zusammen.
Alle umarmen sich.
Nico schüttelt Lea die Hand.
„Das hast du super gemacht!"

Lexi humpelt heran und sagt:
„Du warst ganz große Klasse!"

Herr Tellmann schmunzelt.
„Ganz meine Meinung!"

Frau Peters ist auch da,
um allen elf Spielern zu gratulieren.
Nein, mit Lexi sind es
natürlich zwölf!
„Ihr habt toll zusammengehalten",
stellt die Lehrerin fest.
„Ich bin sehr stolz auf euch."

Lea, Nico und Lexi
schauen sich unsicher an.

Frau Peters lächelt.
„Ich weiß –
ihr seid euch vorher
nicht ganz einig gewesen."

„Aber als es
darauf ankam,
waren wir Freunde",
erklärt Lexi.
„Deshalb hat auch alles
so gut geklappt."

Lea nickt.
„Es ging wie von selbst!"
Nico nickt auch.
„Fußball und Freundschaft
gehören eben zusammen!"